AF369622

VENTE DU MERCREDI 1er JUIN 1887

HOTEL DROUOT, SALLE N° 4

MOBILIER ARTISTIQUE

Diamants —- Bijoux

SCULPTURES ET BRONZES D'ART

PORCELAINES & FAIENCES

TABLEAUX ANCIENS & MODERNES

EXPOSITION PUBLIQUE

LE MARDI 31 MAI 1887

DE 1 HEURE A 5 HEURES

COMMISSAIRE-PRISEUR

Me BERNIER

11, rue Saint-Lazare, 11.

EXPERT

M. B. LASQUIN

12, rue Laffitte, 12.

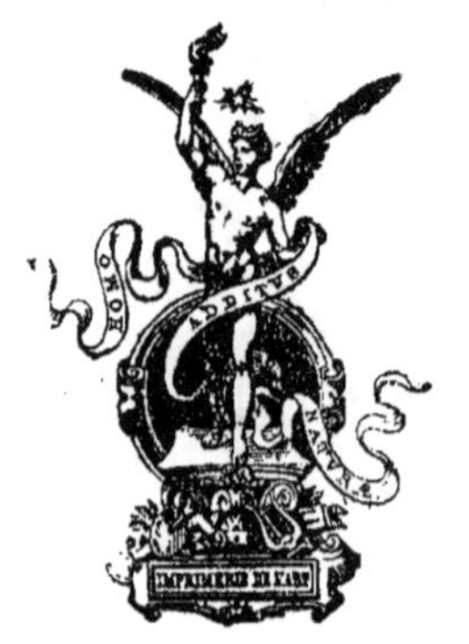
HONOR
ADDITVS
IMPRIMERIE DE VARS

CATALOGUE

D'UN

MOBILIER ARTISTIQUE

Salon Louis XVI — Petit Salon japonais
Salle à manger en noyer de style Henri II — Meubles anciens
Pianos de HERZ

DIAMANTS ET BIJOUX

Porcelaines de Sèvres et de Saxe — Faïences
Porcelaines tendres de Mennecy et de Chantilly

SCULPTURES & BRONZES D'ART

Par d'ÉPINAY, BARYE, MÊNE, FRATIN, DAVID D'ANGERS

Bronzes d'ameublement — Joli Baromètre
Tentures — Étoffes — Tapis

TABLEAUX ANCIENS & MODERNES

Curiosités — Objets divers

DONT LA VENTE AURA LIEU

HOTEL DROUOT, SALLE N° 4

Le Mercredi 1ᵉʳ Juin 1887

à 2 heures

Mᵉ **BERNIER**	**M. B. LASQUIN**
COMMISSAIRE-PRISEUR	EXPERT
11, rue Saint-Lazare, 11	12, rue Laffitte, 12

EXPOSITION PUBLIQUE : Le Mardi 31 Mai 1887

DE 1 HEURE A 5 HEURES

CONDITIONS DE LA VENTE

Elle sera faite au comptant.

Les acquéreurs payeront en sus des enchères *cinq pour cent*, applicables aux frais.

L'exposition mettant le public à même de se rendre compte de l'état des objets, il ne sera admis aucune réclamation une fois l'adjudication prononcée.   .

Paris. — Imp. de l'Art. E. Ménard et J. Augry
41, rue de la Victoire, 41,

DÉSIGNATION DES OBJETS

DIAMANTS ET BIJOUX

1 — Deux pendants d'oreilles, montés chacun d'une grosse perle entourée de huit beaux brillants.

2 — Bracelet en or, orné d'une grosse perle entourée de brillants.

3 — Deux pendants d'oreilles, montés chacun d'un saphir entouré de douze brillants.

4 — Bracelet, saphir entouré de brillants.

5 — Bague, saphir entouré de brillants.

6 — Médaillon-pendentif formant broche genre Renaissance, pavé de brillants.

7 — Bague marquise en or, montée de vingt petits brillants.

8 — Petite bague marquise montée de rubis et de roses.

9 — Médaillon en or, orné d'une étoile en roses.

10 — Bague d'or montée d'un gros brillant ton bois.

11 — Six petites épingles en or et perles fines, et bague d'or, montée de topazes de Portugal taillées en roses.

12 — Médaillon en or, garni de perles et de roses, avec tour de cou en or.

13 — Montre Louis XVI, en or émaillé gros bleu, ornée d'un sujet en émail et d'un double entourage de perles fines.

PORCELAINES ET FAIENCES

DE SÈVRES, DE SAXE, DE CHANTILLY, DE MENNECY ET AUTRES.

14 — Grande coupe en porcelaine de Sèvres moderne, fond gros bleu rehaussé d'ornements dorés: Prix du concours hippique.

15 — Deux vases en porcelaine de Sèvres moderne, fond gros bleu marbré avec rehauts d'or.

16 — Vase balustre en porcelaine de Sèvres moderne, fond vert d'eau décoré d'arbustes.

17 — Cabaret en porcelaine de Sèvres moderne, fond gros bleu marbre rehaussé de dorure, composé de : une théière, un sucrier, un pot à crème et six tasses avec soucoupes.

18 — Groupe en ancienne porcelaine de Saxe : le Galant Berger.

19 — Figure d'Actéon, en vieux Saxe.

20 — Beurrier en vieux Saxe, décoré d'oiseaux, bordure gaufrée.

21 — Sucrier ovale en vieux Saxe gaufré, décoré de groupes de fruits et de fleurs.

22 — Théière en ancienne porcelaine de Sèvres, décor de jetées de fleurs en couleurs sur fond blanc.

23 — Tasse en vieux Sèvres, pâte tendre, décorée de guirlandes de feuillages et d'un ruban tricolore.

24 — Tasse droite avec sa soucoupe en ancienne porcelaine de Sèvres, pâte tendre, décorée de guirlandes de roses sur imbrication violette pointillée d'or.

25 — Tasse et sa soucoupe en ancienne porcelaine de Sèvres, pâte tendre, décorée de bouquets de fleurs dans des médaillons fond gros bleu, entourés de guirlandes de fleurs et d'imbrications roses.

26 — Tasse droite avec sa soucoupe en ancienne porcelaine pâte tendre de Sèvres, décorée d'entrelacs, d'ornements polychromes et d'une guirlande de perles sur fond mauve à rehauts d'or.

27 — Deux salières en biscuit de Sèvres. Pot à

pommade en porcelaine de Saint-Cloud, décor bleu. Deux pots à crème en porcelaine de Locré, décor à fleurs.

28 — Très belle tasse trembleuse en porcelaine tendre de Chantilly, avec sa soucoupe ornée de fleurs en couleurs, de papillons et d'insectes. Belle qualité.

29 — Cache-pot en ancienne pâte tendre de Chantilly, décoré de bouquets de fleurs en couleurs.

30 — Petit vase Médicis en ancienne pâte tendre de Mennecy, décoré de fleurs en couleurs.

31 — Petit pot à crème en pâte tendre de Mennecy, à décor de fleurs en couleurs.

32 — Sucrier de même porcelaine et de décor analogue.

33 — Deux petits pots à crème en pâte tendre de Mennecy, dont un côtelé à décor de fleurs, et un petit pot à crème en vieux Saxe, à fleurettes et bouquets.

34 — Trois pièces : flacon à thé en vieux Saxe, à godrons et décor de fleurs ; un sucrier en vieux Chine, décoré de fleurs sur fond marron ; un sucrier en Wedgwood à fleurs en couleurs sur fond noir.

35 — Trois pièces : petit pot en Saxe, décoré en camaïeu rose sur fond jaune ; pot en Saxe,

décor de fleurs et insectes; coquetier en Sèvres, décor doré.

36 — Deux pièces : cafetière en vieux Saxe, décorée de fleurs en camaïeu vert, et une autre
en porcelaine d'Orléans.

37 — Tasse chocolatière et sa soucoupe en Saxe,
décor coréen, et une autre tasse en vieux
Saxe, décorée de fleurs.

38 — Tasse à thé avec sa soucoupe en vieux Sèvres, pâte tendre, décor de guirlandes de fleurs
sur large bordure grenat, et une tasse droite
et sa soucoupe en Sèvres, pâte dure, à imbrications roses et médaillons sur fond vert
d'eau.

39 — Trois pièces : statuette en ancienne porcelaine de Frankenthal, joueur de harpe; figure
d'enfant en porcelaine de Chelsea, et un serin
en ancienne porcelaine de Berlin.

40 — Salière en blanc de Saxe, surmontée d'un
porte-bougie : l'Enfant à la rose; petit pot
droit en blanc de Saint-Cloud, à fleurs en relief, et un flacon à thé en vieux Saxe, à fleurs
en relief.

41 — Trois pièces : rose en porcelaine de Vienne;
tasse en vieux Vienne, décor de fleurs à
rehauts d'or, et une tasse en porcelaine de
Paris, bordure vert d'eau.

42 — Moutardier en porcelaine de Frankenthal, et un pot à crème en porcelaine de Sèvres gros bleu.

43 — Nid d'oiseau en porcelaine allemande, décoré au naturel.

44 — Pot à lait en ancienne porcelaine de Furstemberg, décoré de sujets galants.

45 — Bol et petit pot en ancienne porcelaine tendre de Tournay, décoré de fleurs en couleurs.

46 — Tasse et soucoupe en ancienne porcelaine pâte tendre de Saint-Cloud, décor bleu, et un petit vase en Chantilly, à décor en relief.

47 — Petit pot à lait en porcelaine allemande, décoré d'un médaillon en camaïeu rose, et un pot en porcelaine de l'Inde, décoré de deux médaillons à sujets mythologiques.

48 — Deux fruits en ancienne faïence de Delft, décorés au naturel, et une chimère en grès de Chine.

49 — Aiguière en porcelaine de Chine, à décor bleu.

5o — Deux coupes couvertes en porcelaine de Chine, famille verte.

51 — Deux socles en Saxe, époque de Marcolini, décorés de guirlandes polychromes en relief, de fleurs et d'insectes.

52 — Moutardier en porcelaine de Höchst, décoré
d'un paysage. Rose en pâte tendre de Chelsea,
décorée au naturel. Petit flacon à thé en porcelaine allemande, décoré de fleurs.

53 — Trois flacons à thé en vieux Delft.

54 — Plaque ronde en faïence de Castelli, représentant Adam et Ève chassés du paradis.

55 — Deux vases de pharmacie en faïence italienne, fond bleu empois.

56 — Quatre plats en faïence de Delft, décor
bleu.

57 — Jardinière en ancienne faïence de Stras-
bourg, décorée de fleurs.

58 — Petit traîneau en ancienne faïence de Delft.

59 — Fontaine d'angle et son bassin, en faïence
moderne.

SCULPTURES, BRONZES D'ART

60 — Groupe en bronze, de Barye : Panthère et
Zibeth.

61 — Statuette de jeune femme couchée, tenant
un miroir. Terre cuite originale de d'Épinay.

62 — Statuette de jeune femme couchée, variante

de la précédente. Terre cuite originale de d'Épinay.

63 — Groupe en bronze, de Mêne : deux chiens en arrêt devant une perdrix.

64 — Chien en arrêt, bronze de Fratin.

65 — Statuette de Guttemberg, bronze de David d'Angers, 1839.

66 — Singe cuisinier, bronze de Fratin.

67 — Bronze de Fremiet : Cigogne.

68 — Soldat de Sambre-et-Meuse, bronze.

69 — Chimère en ancien bronze de la Chine.

70 — Deux lampes formées de vases cylindriques en ancien métal incrusté d'attributs et d'ornements en or et argent, de travail japonais, avec montures de même style, en bronze.

71 — Figure de divinité debout, en ancien bronze du Japon.

72 — Jardinière oblongue, en bronze du Japon.

73 — Deux petits vases, forme balustre, en bronze du Japon gravé.

74 — Deux petites caronades chinoises, en bronze.

75 — Bronze de Barbedienne : Vénus accroupie, patine brune.

76 — Bronze de Barbedienne : Vénus d'Alle-
grain, patine brune.

BRONZES D'AMEUBLEMENT

77 — Joli baromètre-thermomètre, plaqué d'écaille
et bordé de cuivre ; il est en forme de gaine
dont le cadran, placé à la partie supérieure,
est surmonté de deux figures d'enfants et
flanqué de deux cariatides reliées par une
draperie en bronze ciselé et doré. Le culot
est composé d'un motif de feuillage Louis XV.

78 — Garniture de cheminée de style Louis XVI,
en bronze doré, composée d'une pendule,
deux candélabres et deux flambeaux.

79 — Petit lustre en bronze.

80 — Petit lustre-veilleuse en bronze, de style
oriental.

81 — Suspension de salle à manger.

82 — Deux appliques porte-lumières en cuivre
poli, formant miroirs.

83 — Grand plat en cuivre estampé.

OBJETS DIVERS

84 — Deux belles jardinières de forme quadri-
lobée, en émail cloisonné de la Chine à fond
rouge.

85 — Deux potiches en ancienne porcelaine de
la Chine, décor de paysages en bleu.

86 — Deux figures de lettrés chinois en bois de
racine finement sculpté.

87 — Deux médaillons en ivoire, représentant
deux bustes de personnages du règne de
Louis XIII.

88 — Boîte ovale en ivoire, le dessus orné d'un
sujet.galant.

89 — Grand vase en ivoire sculpté dans le goût
de la Renaissance, et représentant, au pour-
tour, une chasse au cerf.

90 — Belle épée Louis XVI, poignée ajourée en
argent et taillée à facettes.

91 — Belle épée Louis XVI, poignée en argent
doré et ciselé.

92 — Belle épée Louis XVI, poignée en argent,
garde ornée de têtes de personnages dans
des médaillons.

93 — Fusil de chasse de Lepage-Moutier, canon
de Léopold Bernard.

94 — Canne en jonc, avec pomme en os sculpté.

95 — Lorgnette de théâtre.

AMEUBLEMENT

96 — Piano droit de H. Herz, en bois noir garni
de moulures de bronze doré.

97 — Tabouret de piano garni de satin bleu et
broderie japonaise.

98 — Ameublement de salon Louis XVI, en
bois sculpté noir et or, garni de satin marron
broché à fleurs. Il est composé d'un canapé,
deux fauteuils et quatre chaises.

99 — Deux paires de rideaux de fenêtres avec
galeries, en satin de soie broché à fleurs, pa-
reil à la garniture du meuble ci-dessus.

100 — Écran Louis XVI, en bois sculpté noir et
or, avec feuille en soie de Chine brodée.

101 — Pouf garni de soie de Chine brodée.

102 — Meuble de style chinois, formant étagère,
en bois sculpté et découpé à jour.

103 — Fauteuil capitonné garni d'ancienne soie-
rie japonaise.

104 — Table italienne en incrustation d'ivoire dite certosine.

105 — Deux fûts de colonnes cannelés, de style Louis XVI, en bois noir, garnis de bronzes et de tablettes de marbre.

106 — Deux supports de style chinois, en bois sculpté, à dessus de marbre.

107 — Glace biseautée à bordure dorée.

108 — Boîte à jeu en laque, avec jetons en nacre.

109 — Armoire à linge en bois noir, genre Louis XVI, à deux portes à glaces.

110 — Grand canapé et deux fauteuils confortables garnis d'étoffe capitonnée.

111 — Lanterne chinoise.

112 — Secrétaire Louis XVI, en bois de rose garni de bronzes.

113 — Table-toilette en bois de rose marqueté.

114 — Petite table de style Louis XIII, en noyer.

115 — Écran en bambou et deux petites tables.

116 — Miroir sur pied en fonte.

117 — Petit cabinet Louis XIII.

118 — Trépied en fer forgé, Louis XIV.

119 — Ameublement de salle à manger en noyer ciré à moulures, de style Henri II. Il est composé d'un buffet surmonté d'une glace,

orné de colonnettes et formant étagère sur les côtés, d'une table à rallonges et de six chaises garnies de maroquin vert.

120 — Cartel en noyer sculpté, de style analogue à celui de l'ameublement.

121 — Ameublement de chambre à coucher.

122 — Porte-parapluie-portemanteau orné de figures de singes en bois sculpté et avec fond de glace.

123 — Meubles divers.

124 — Coffre-fort de Fichet.

TENTURES ET ÉTOFFES

125 — Portière en satin bleu de Chine brodé à figures, chimères et ornements en soie de couleurs et or.

126 — Paravent à trois feuilles, garni de soie de Chine rouge et bleu brodée en soie de couleurs et or à animaux fantastiques et ornements.

127 — Tenture de salle à manger en drap rouge soutachée d'ornements, composée de quatre rideaux de fenêtres et de deux bandeaux.

128 — Tapis de table de même étoffe que la tenture qui précède.

129 — Deux couvertures de voiture en drap bleu et une autre en drap blanc.

TABLEAUX

130 — **Bachereau (V.).** Géraniums dans un vase de faïence.

131 — **Bassan** (École des). Le Repas du Christ chez Madeleine et Marie.

132 — **Bernier.** Paysage de Normandie.

133 — **Bin.** Bacchante.

134 — **Brunet-Houard.** Course en chars.

135 — **Daubigny (Karl).** Pêche à marée basse.

136 — **École moderne.** Paysage boisé.

137 — **École napolitaine.** Paysage agreste avec cascade et animé de figures.

138 — **Kraft.** Jeune Femme de profil.

139 — **Paredes.** Marchande de fleurs.

140 — **Ragot (J.).** Femme plumant un canard.

141 — **Robert (Léopold).** Brigands italiens.

142 — **Salvator Rosa** (École de). Tobie et l'ange, Jésus et le Samaritain, paysages accidentés.

143 — **Van Damme Sylva.** Bestiaux au pâturage, près d'Anvers.

144 — **Venneman (Rosa).** Bestiaux dans une cour de ferme.

145 — **Wattier.** Baigneuses.

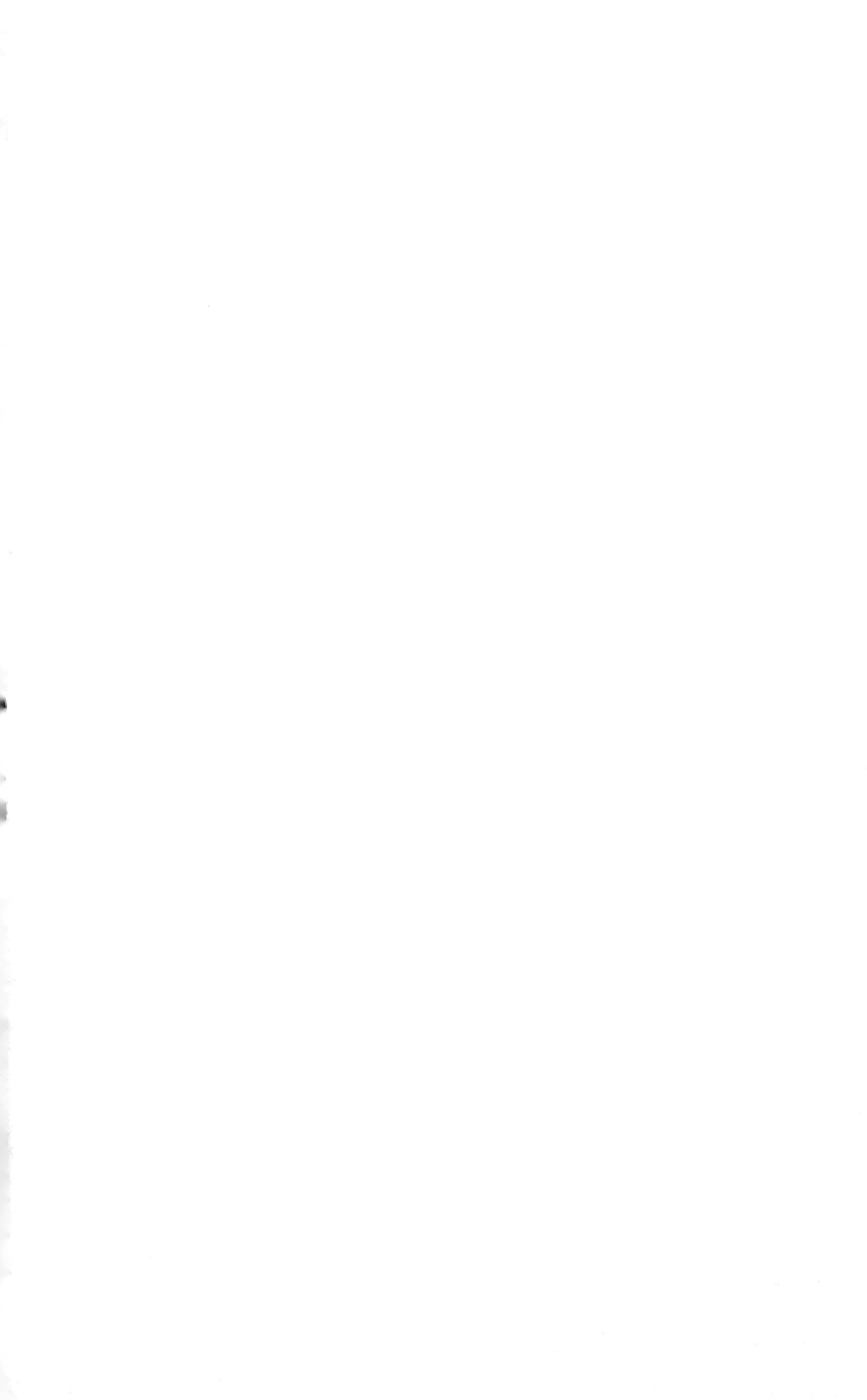